Lb 801.

DE

LA REPRISE DU TRAVAIL

ET

DU SORT DES TRAVAILLEURS

PAR CL. ARNOUX

Administrateur des ateliers des Messageries générales, etc.

5 *juillet* 1848.

PARIS

TYPOGRAPHIE DE PLON FRERES

RUE DE VAUGIRARD, 36.

1848

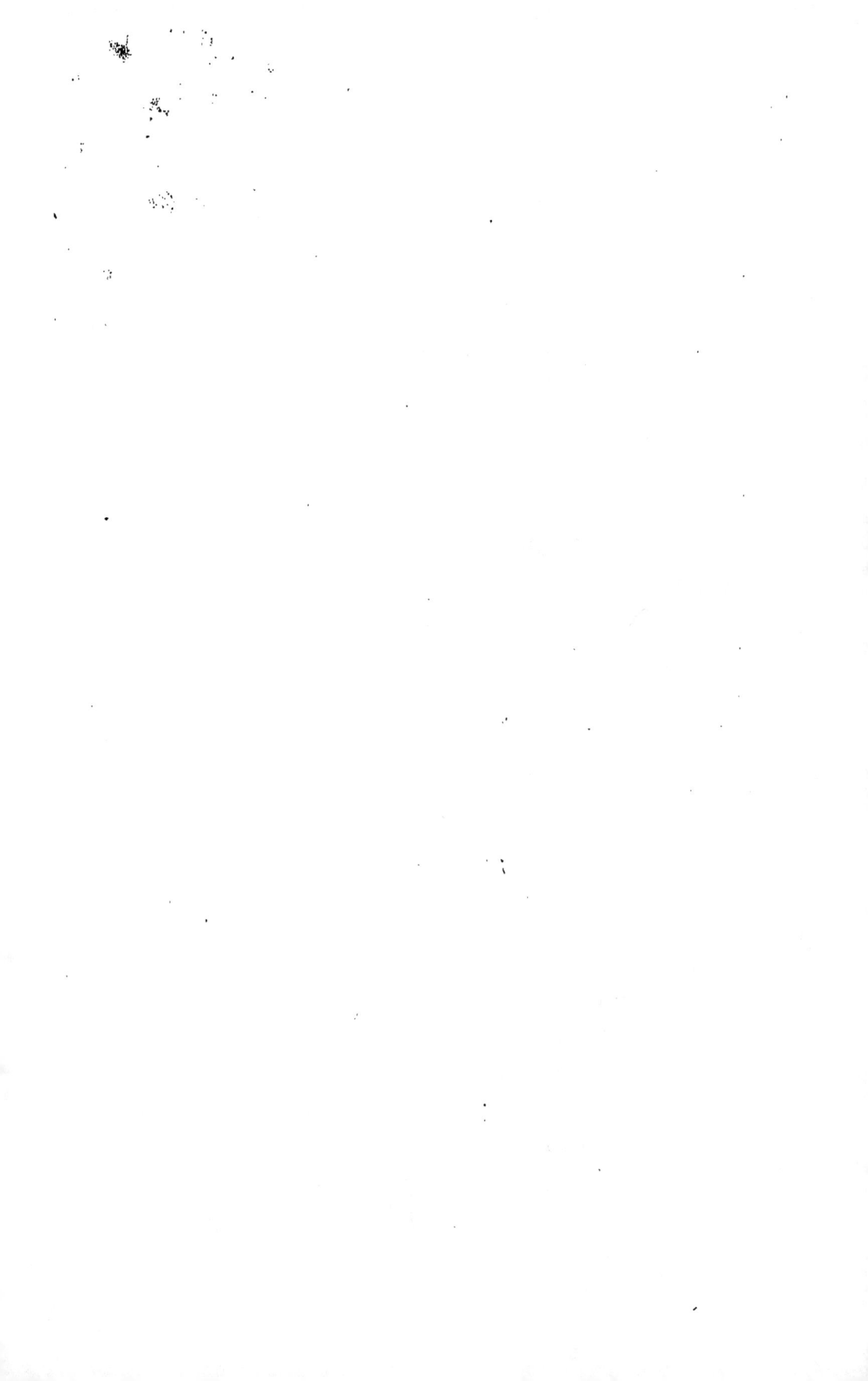

DE
LA REPRISE DU TRAVAIL
ET
DU SORT DES TRAVAILLEURS.

Les éléments qui ont formé l'émente sont encore debout.

Les *anarchistes*, peu nombreux, aidés des *émeutiers de profession* et des *repris de justice* accourus sur Paris, se sont habilement adjoint les *ouvriers socialistes*, étonnés et honteux aujourd'hui de s'être trouvés en pareille compagnie.

L'émeute a recruté dans les *Ateliers nationaux*, et c'est là qu'elle a placé en subsistance ceux qu'elle a appelés de la province.

Décimée par le combat, il faut éviter que l'émeute n'agisse sur les ouvriers sans travail en adoptant cette fois un drapeau qui les rallie.

Il faut donc avant tout faire reprendre le travail, LE SALUT N'EST QUE LA...

Les distributions d'argent qui ne sont point justifiées par le travail sont *ruineuses*.

Elles sont *immorales* si elles se prolongent; elles ont engendré les *grèves soldées*, favorisé la *paresse*, provoqué la *rébellion*.

Les hommes réunis sans travail sont trop accessibles aux mauvais conseils.

Donnez aux ouvriers un travail qui n'est pas de leur état, ils le font mal, sans fruit, avec dégoût.

Il faut que chacun s'occupe de son état, et, pour atteindre ce but, il faut sans retard

ROUVRIR LES ATELIERS FERMÉS;

RANIMER CEUX QUI LANGUISSENT;

SOUTENIR CEUX QUI MARCHENT.

Dans ses propres ateliers l'ouvrier honnête, et c'est la très-grande majorité, comprendra les difficultés du moment et se contentera d'occuper les 2/3 de son temps pendant la reprise des travaux.

Le mal fait par la *commission du Luxembourg* est incalculable. Incapable d'une seule pensée féconde, elle n'a su que détruire, jouer le sentiment et semer les idées les plus subversives de l'ordre et du travail.

Prêt à l'industrie.

Quatre mois de stagnation complète ont fait naître des besoins réels. Mais l'industrie, pour soutenir ses ouvriers, a épuisé ses ressources.

En prêtant à l'industrie sur ses produits en magasin, sur ses factures, sur son outillage même, en mobilisant ainsi des valeurs mortes, l'argent arrivera à l'ouvrier sous la forme la plus fructueuse, la plus morale et sans sacrifice sensible pour l'État.

Un chiffre de 200 millions a été indiqué comme nécessaire. Nous le croyons plus que suffisant. Il est probable même que la reprise des affaires, due à la seule mesure d'un secours efficace à l'industrie, permettra de réduire sensiblement ces prévisions.

On parera par ce moyen à tous les besoins, et la confiance renaîtra comme par enchantement.

———

Mais là ne doit pas s'arrêter la sollicitude du gouvernement.

Des promesses ont été faites aux ouvriers ; de ce qu'elles sont imprudentes et en partie irréalisables, est-ce à dire qu'il n'y ait rien à faire pour améliorer leur sort ?

S'il est des erreurs respectables, passées à l'état de conviction, ce sont surtout celles qui ont trait à l'organisation sociale.

Et, en effet, elles ont pour but les deux intérêts les plus sacrés : L'EXISTENCE DE LA FAMILLE ; LA DIGNITÉ DE L'HOMME.

Lorsqu'à tort ou à raison des théories nouvelles ont profondément pénétré dans une classe de la société, l'expérience seule, mais une expérience publique, sérieuse, concluante, doit éclairer sur leur valeur.

Imposer l'application d'une théorie nouvelle à la société, avant qu'elle ait été justifiée par l'expérience, de toutes les imprudences ce serait la plus coupable. L'INSUCCÈS SERAIT UN CRIME. Car il aurait inutilement bouleversé l'ordre social, qui, quelqu'imparfait qu'il soit, est préférable à l'anarchie.

Ne pas tenter avec conscience l'expérience d'une théorie nouvelle qui présente le caractère d'une organisation complète et réfléchie, ce serait mentir au principe démocratique de la révolution, ce serait un déni de justice envers la société entière, intéressée à l'ordre qu'une telle indifférence compromettrait.

Comparé aux avantages que l'on retirerait de ces expériences, le sacrifice serait insignifiant pour l'État; ces avantages dussent-ils se borner à la satisfaction donnée à la société; mais il y aurait déraison à supposer que, de ces théories dues en partie à des hommes réfléchis et convaincus, il ne sortirait rien de profitable à la société, soit par le succès de l'une d'elles, soit par la combinaison de ce que plusieurs d'entre elles offriraient d'utile et de pratique.

Aujourd'hui l'enfant de l'ouvrier ne reçoit aucune *instruction utile*.

L'ouvrier malade est *sans secours*.

Quand il est invalide il est dans la *misère*.

Il faut l'instruire, — le mettre à l'abri des conséquences de l'infortune, — lui assurer dans ses vieux jours une retraite honorable.

Instruction.

L'instruction primaire et gratuite est donnée sans intelligence des besoins.

Elle cesse généralement après la première communion, et l'enfant oublie promptement le peu qu'il sait pour se consacrer exclusivement aux travaux de l'atelier.

Dans aucun cas il ne reçoit les connaissances qui en feraient un ouvrier distingué, et on néglige tous les moyens de reconnaître ceux que la nature a heureusement doués, et dont l'éducation développée promettrait un homme utile à la société.

Il faut qu'à partir de la première communion l'apprenti consacre une portion de son temps à l'atelier, une autre à l'étude, celle-ci décroissant à mesure qu'il grandit.

Il faut qu'il reçoive les connaissances utiles à l'état qu'il professe.

Il faut enfin que ces études gratuites soient réglées par des hommes capables et confiées à la moralité, au mérite, afin d'apprécier les sujets dont l'intelligence réclame le développement de l'éducation aux frais de la société.

Caisse de prévoyance.

L'ouvrier malade n'a généralement de ressources que dans les Monts-de-piété usuraires et dans la bienfaisance publique, toujours impuissante, souvent partiale.

Pour pourvoir aux maladies, il faut des associations mutuelles. Une longue expérience prouve qu'avec moins de 1 p. 0/0 prélevé sur le salaire, une association de 3 à 500 ouvriers peut assurer au malade plus de moitié du prix de la journée par jour de maladie.

Ces associations ne sont pas sans exemple, soit dans les grands ateliers, soit entre les ouvriers libres ; il suffit d'étudier les meilleures, d'en consacrer le principe, et on aura pourvu aux besoins les plus pressants de la famille ; il est rare aujourd'hui qu'une maladie de plusieurs mois ne ruine pas le ménage le plus prévoyant, quand il n'a pour ressource que ses économies et les Monts-de-piété.

On indique des agglomérations parce que le salaire change et est presque partout en rapport avec les frais de l'existence ; la comptabilité est d'ailleurs plus facile à tenir. Afin que ces caisses ne soient pas une entrave au déplacement des ouvriers, on ne les laisse pas croître et l'on cesse les retenues lorsque l'encaisse dépasse le nombre des ouvriers associés multiplié par le chiffre adopté pour la subvention d'une journée de maladie.

Quelquefois des médecins sont attachés à la société, et les frais d'inhumation sont prélevés sur la caisse.

Vieillesse. — Infirmités.

Quand l'âge ou un accident a rendu l'ouvrier invalide, il n'a aucune perspective rassurante, il tombe à la charge de ses enfants ou dans la misère.

Il faut qu'il soit délivré de cette pensée navrante.

Son travail est un capital mis à la disposition de l'industrie. Il faut que l'industrie lui assure l'existence quand le travail a usé ses forces ou l'a rendu incapable par suite d'accident.

On peut compter un vieillard sur trente ouvriers.

Dans les hospices les mieux tenus on assure une existence très-convenable avec le tiers au plus du prix d'une journée ; — d'où il suit que l'État, en établissant sur l'industrie un impôt de 1/90ᵉ environ du salaire payé chaque année, pourvoirait à ces retraites en laissant le choix aux infirmes ou aux vieillards de recevoir cette pension lorsqu'ils veulent vivre dans leur famille.

Cet impôt, que l'on peut évaluer à très peu près à un demi pour cent de la production (le prix de la main d'œuvre étant sensiblement égal au prix de la matière), se combinerait bientôt avec le salaire sans être à charge à l'industrie, pourvu que l'État le laisse spécial et variable suivant les besoins.

On comprend que l'existence de l'ouvrier se trouve ainsi prévue pour tous les âges, — qu'il fasse partie d'ateliers ou qu'il travaille pour son compte, — il suffit, en effet, que ce dernier accepte les bases de cette association et acquitte le droit, pour pouvoir profiter des avantages qui seraient garantis par l'État.

Du travail.

C'est aujourd'hui un axiome pour tous, que *le travail à la tâche est le plus fructueux;* le travail à la journée, lorsqu'il peut être mis à la tâche, n'est préféré que par l'ouvrier paresseux.

Lorsque les travaux réclament le concours d'un certain nombre d'ouvriers, il est un mode d'exécution qui tient *du travail à la tâche et de l'association.*

Ce mode consiste à former dans les ateliers des groupes de travailleurs dont les capacités sont convenablement réparties pour accomplir des travaux déterminés, et à partager les bénéfices du travail proportionnellement au salaire minimum établi pour chacun. Rien de plus moral et même de plus propre à les préparer à des associations entre eux, qui ne pourront du reste se former qu'à la longue et avec quelque peine; car l'ouvrier, en France, tout à la fois généreux avec ses camarades, défiant pour ses intérêts, timide quand il s'engage, veut avant tout *la sécurité* et la *liberté d'esprit*. Il lui répugnera toujours de se livrer aux chances du commerce. Quant à l'association des ouvriers et des patrons, — il y a peut-être quelques cas exceptionnels qui la rendent possible, mais généralement il y aura impossibilité pratique; — et, en effet, il y a presque toujours une partie spéculative dans la fabrique qui ne permet d'arrêter les comptes qu'à de longs intervalles, et, sans développer ici les autres motifs, l'ouvrier, quand il est jeune surtout, veut être libre de changer d'atelier; c'est même le seul moyen d'apprendre à travailler.

Quand, au contraire, le travail est donné à la tâche, soit individuellement, soit réparti entre un nombre déterminé d'ouvriers, comme nous l'avons indiqué, les comptes sont arrêtés de suite et chacun conserve sa liberté d'action. On peut ajouter, et ce n'est point une observation oiseuse, que la surveillance devient plus digne pour tous, que cela tend à corriger la paresse et qu'il y a toujours une émulation favorable au développement de l'art; enfin, sans crainte d'erreur, on peut affirmer que le travail fait ainsi est un tiers plus profitable que le travail à la journée.

Il est une classe de producteurs modestes dont on parle peu, qu'il ne faut pas oublier, car elle est nombreuse, intéressante, elle souffre parfois beaucoup; nous voulons parler des ouvriers tisserands ou des états analogues, répandus dans les campagnes, si impitoyablement exploités par moments par les courtiers, et souvent forcés de vendre à vil prix, dans la nécessité absolue où ils se trouvent de réaliser. Pour eux l'humanité demanderait l'ouverture de caisses de dépôt, sorte de mont-de-piété industriel établi sur des bases équitables, qui les soustrairait au monopole des acheteurs.

Publicité.

Au nombre des institutions qu'il faudrait créer sans retard, nous indiquons la publicité pour tout ce qui intéresse les travailleurs. Le gouvernement doit en donner l'impulsion par des publications périodiques qui feraient connaître l'état des travaux dans les différents centres de production, et tous les faits qui s'y rattachent.

Telles sont les mesures qui, sans bouleverser l'état actuel, prouveraient aux ouvriers que si la société ne peut tenir *tous* les engagements imprudemment pris avec eux, elle n'en est pas moins animée du plus ferme désir de s'occuper des mesures qui lui donnent la sécurité et qui lui permettraient d'attendre les résultats des expériences que l'on peut et que l'on doit tenter pour accepter ou repousser des idées qui, à l'état de théorie, feront toujours naître de fâcheuses illusions.

Sans les condamner, n'oublions pas d'observer que jusqu'à ce jour toutes les organisations des travailleurs portent plus ou moins atteinte à la liberté, dont les ouvriers, autant que personne, sont jaloux à juste titre.

L'égalité des salaires, ils n'en veulent pas.

La réglementation de leurs droits, de leur conduite, de leur capacité, ils la repoussent, sous quelque forme qu'elle se présente.

Les plus sages, les plus capables vous disent : Donnez-nous du travail, et laissez-nous nous diriger nous-mêmes.

Oui, c'est de l'ouvrage qu'il faut créer avant tout, et c'est là que doit tendre l'administration publique, c'est *son devoir le plus impérieux* (1).

Mais ici se présentent de graves considérations

(1) On a parlé de réserver les grands travaux publics pour des moments difficiles. Il se rattache à cette pensée des considérations d'un ordre tellement élevé, qu'on ne peut les traiter dans un travail aussi rapide. En général, on a hâte d'exécuter les travaux que l'on regarde comme d'utilité publique, et on n'aperçoit guère que les grands travaux de desséchement et de routes qui pourraient attendre ces jours néfastes.

qui pèsent sur la production et nuisent à son développement.

La mauvaise concurrence, non pas industrielle, mais commerciale, cette concurrence ennemie de l'industrie, a jeté celle-ci, dans ces derniers temps surtout, dans les voies les plus déplorables.

Le besoin de baisser continuellement les prix a fait naître la mauvaise foi dans la fabrique, surtout pour les articles destinés à l'exportation.

La France, que son bon goût maintiendrait si facilement à la tête de la production, est aujourd'hui repoussée de presque tous les marchés étrangers à cause du peu de conscience qui préside à l'exécution de beaucoup de ses produits : abus dans les matières, — la façon, — le poids, — le métré; tout est mis à profit pour diminuer frauduleusement les prix !

Si les articles sont destinés à la consommation intérieure, ils donnent lieu à une concurrence désordonnée et de mauvaise foi.

Si, au contraire, ils sont exportés, ils permettent de réaliser des bénéfices scandaleux aux dépens du pays, qu'ils discréditent.

Ne serait-il pas digne de notre jeune république de réhabiliter son industrie, comme elle veut réhabiliter sa politique?

Qu'aurait donc de contraire à la liberté un jury qui, sans entraver la fabrique, constaterait la nature du produit et rendrait la fraude impossible? On punit le faux monnayeur, pourquoi ne surveillerait-on pas le faux producteur?

De pareilles mesures seraient cependant bien faciles.

Enfin faut-il parler du plus avilissant des procédés dont on ne rougit plus de faire usage : la *fausse marque*.

Le faussaire est flétri et la fausse marque ne l'est pas : où donc est la différence? la marque est-elle autre chose que la signature du fabricant?

Tout fabricant doit avoir sa marque et doit être contraint de l'appliquer à ses produits.

On demande aux ouvriers de la morale, de l'honnêteté, et ils ont sans cesse sous les yeux l'exemple de la fraude; on fait plus, on les emploie à la produire sciemment.

Que la bonne foi reparaisse dans la fabrique *sans capitulation de conscience*, et bientôt nous verrons notre industrie prendre le développement que lui assureraient si facilement l'intelligence, le soin et le bon goût de tous ceux qui concourent à la production en France.

Qu'on ne l'oublie pas, les idées socialistes qui troublent si profondément l'ordre n'eussent pas pris ce développement si l'industrie n'était depuis plus de dix-huit mois dans un état de souffrance dont on se serait bien plus aperçu sans les travaux exceptionnels des chemins de fer, et cet état n'est dû qu'à l'incurie du gouvernement déchu pour tout ce qui touchait nos rapports commerciaux, toujours sacrifiés aux nations rivales.

En résumé :

Le *prêt* à l'industrie sur des garanties suffisantes rétablit le *travail*, la *confiance*, le *crédit*.

L'*instruction gratuite et professionnelle* donnée aux enfants d'ouvriers répond aux besoins les plus moraux de l'époque.

Les *caisses de prévoyance mutuelle* mettent les ouvriers à l'abri de la misère.

L'établissement des *Invalides civils* assure une existence honorable aux ouvriers dans leurs vieux jours.

Le *contrôle* des produits par un jury, et la *marque obligatoire*, en moralisant notre industrie, la réhabilitent à l'étranger et augmentent la production.

———

Ces idées sont déjà en partie réalisées, elles sont simples et très-pratiques. C'est à ce double titre que nous les présentons.

Nous sommes loin de croire qu'on ne fera pas mieux ; nous l'espérons, nous le désirons vivement.

L'important aujourd'hui est de donner *immédiatement* du travail et d'améliorer le sort des travailleurs sans désorganiser.

Le moment est venu d'agir. Le pays souffre. N'oublions pas que chaque jour nous rapproche de la saison rigoureuse.

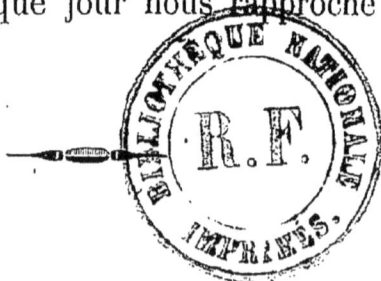

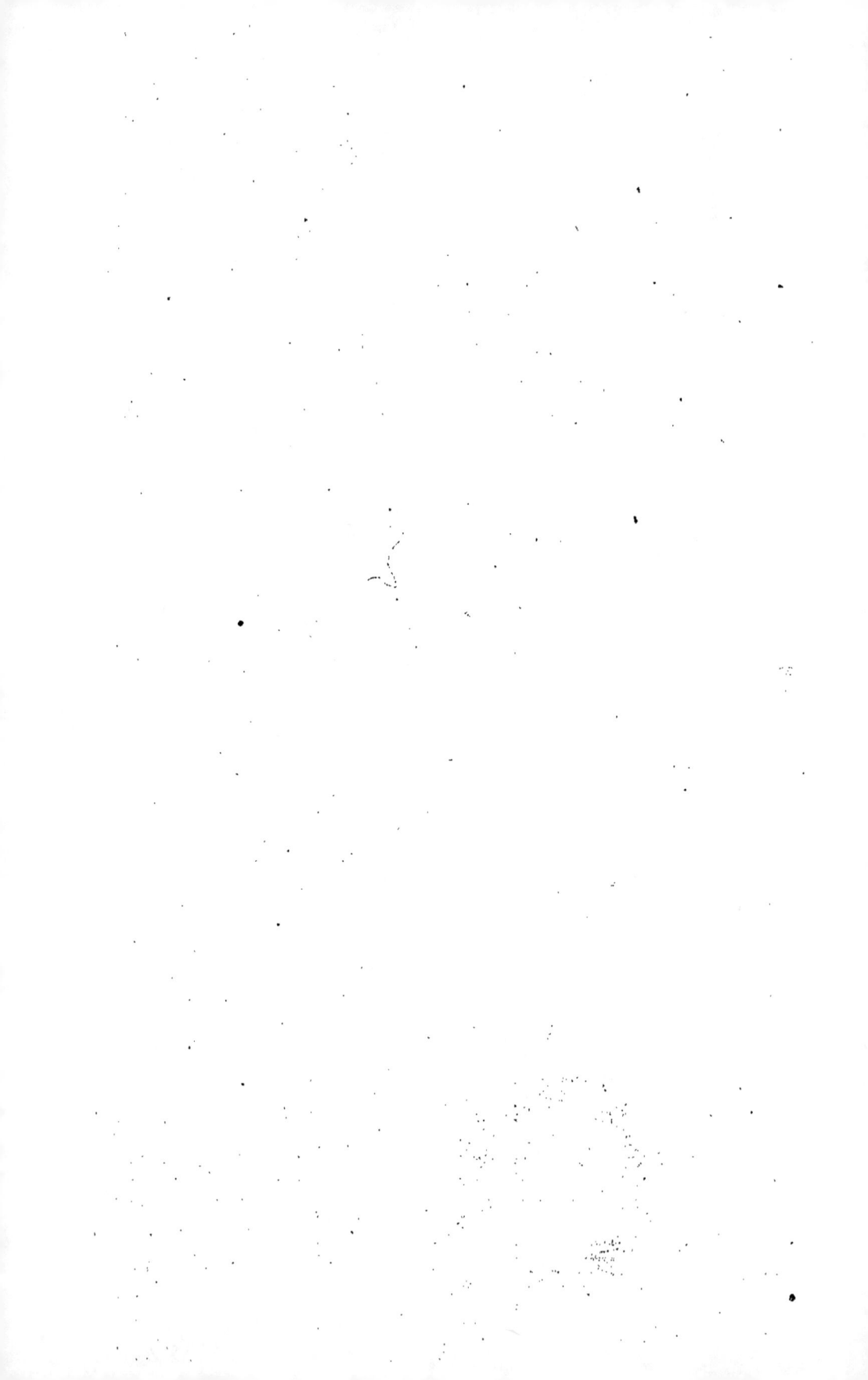

www.ingramcontent.com/pod-product-compliance
Lightning Source LLC
Chambersburg PA
CBHW050400210326
41520CB00020B/6397